ALMİDİLLİ YAYINLARI
Yuva Mahallesi 3702. Sokak No: 4 Yenimahalle / Ankara
Tel:+90–312 396 01 11 (pbx) Faks: +90–312 396 01 41
bilgi@almidilli.com.tr
Yayıncı Sertifika No: 12382
Matbaa Sertifika No: 13987

Kitabın özgün adı ve yazarı: T'choupi fête son anniversaire, Thierry Courtin

T'choupi, a character by Thierry Courtin.
Illustrations: Thierry Courtin – Tous droits réservés.
Colours by Sophie Courtin.

ISBN: 978-605-4984-07-7
Ankara, 2014

Çeviri : Yasemin Tanbi
Yayına Hazırlık : A. Gazi Vural, Ebru Ersin
Sayfa Düzeni : Özlem Çiçek Öksüz
Kapak Uyarlama : Mehmet Yaman
Baskı : Ayrıntı Basım Yayım ve Matbaacılık Ltd. Şti
28. Cadde, 770. Sokak No: 105/A
İvedik Organize Sanayi
Yenimahalle – Ankara

Çupi
Doğum Günü Partisi

Resimleyen: Thierry Courtin

Çeviren: Yasemin Tanbi

almidilli

– Anne ben kocaman oldum!
Artık üç yaşındayım!
– Evet Çupiciğim, kocaman oldun. Bugün arkadaşların Lalo ile Pilo doğum gününü kutlamaya gelecekler. Haydi, evi süsleyelim.

– Şuraya bir balon asalım mı baba?
– Evet asabiliriz Çupi.
– Çok güzel oldu, değil mi baba?
– Evet, çok güzel oldu Çupi. Aferin sana. Bugün bize çok yardım ettin.

Pilo ve Lalo, saat üçte Çupi'nin evine geldi.

– Yaşasın arkadaşlarım geldi, dedi Çupi. Hediyelerimi hemen açabilir miyim?

– Önce arkadaşlarınla oyun oyna. Hediyelerini sonra açarsın, dedi Çupi'nin annesi.

Çupi, Pilo ve Lalo bahçede oyun oynuyorlardı.

– Bakın! Babam havuz yapmış bize! diye bağırdı Çupi.

– Yaşasın! Ne kadar da büyük bir balık tuttum! dedi Çupi.
– Ben de! dedi Pilo. Aaa! Şekerden bir balık!

– Haydi gelin. Pasta zamanı!
diye çağırdı Çupi'nin annesi.
– Pasta! diye bağırdı
Çupi. Kocaman bir pasta.
Buzdolabında kutusunu
görmüştüm.

Çupi ve arkadaşları masanın etrafında oturdular. Birden ışıklar söndü.

– Karanlıktan korkuyorum, diye bağırdı Lalo.

– İyi ki doğdun Çupi!
– Bütün mumları bir seferde söndüreceğim! dedi Çupi ve tüm gücüyle üfledi.

Çupi’nin babası ışıkları tekrar açtı.

– Çupi burnunda pasta var! dedi Lalo.

– İşte hediyelerin! dedi Çupi’nin annesi.

– Ne güzel bir doğum günüm oldu! Ne zaman dört yaşında olacağım?